Johann Strauss, Jr.

The Great Waltzes

IN FULL SCORE

DOVER PUBLICATIONS, INC. • *New York*

This Dover edition, first published in 1989, is a new collection of seven works
originally published separately, and one new edition. Five waltzes were originally
published by Breitkopf & Härtel, Leipzig, n.d.: *An der schönen, blauen Donau;
Wein, Weib und Gesang; Wiener Blut; Frühlingsstimmen;* and *Kaiser-Walzer.
Geschichten aus dem Wienerwald,* edited by V. Grachev, was originally published
in *Izbrannïe Sochineniya* [Selected Works] by Izdatel'stvo "Muzyka," Moscow, in
1981. *Rosen aus dem Süden,* edited by Viktor Keldorfer, was originally published
by Ernst Eulenberg, Mainz, n.d. *Artist's Life* appears here in a new edition. German
footnotes have been translated, and lists of instruments and a table of contents
have been added.

Manufactured in the United States of America
Dover Publications, Inc., 31 East 2nd Street, Mineola, N.Y. 11501

Library of Congress Cataloging-in-Publication Data

Strauss, Johann, 1825–1899.
[Waltzes, orchestra. Selections]
The great waltzes.

For orchestra.
Reprint of works originally published between 19– and 1981.
Contents: The beautiful blue Danube = An der schönen, blauen Donau : op. 314
(1867) — Artist's life = Künstlerleben : op. 316 (1867) — Tales from the Vienna
Woods = Geschichten aus dem Wienerwald : op. 325 (1868) — [etc.]
1. Waltzes (Orchestra)—Scores. I. Title.
M1049.S91W34   1989   89-751563
ISBN 0-486-26009-7

Contents

Instrumentations

The Beautiful Blue Danube

2 Flutes [Flöte, gr. Fl.]
  (Fl. II = Piccolo [Kleine
  Flöte, kl. Fl.])
2 Oboes [Oboen]
2 Clarinets (C) [Klarinetten
  in C]
2 Bassoons [Fagotte]
4 Horns (F) [Hörner in F]
2 Trumpets (F) [Trompeten
  in F]
Bass Trombone [Bass-
  Posaune, Pos.]
Tuba
Timpani [Pauken]
Triangle [Triangel]
Side Drum [Kleine
  Trommel, kl. Tr.]
Bass Drum [grosse
  Trommel]
Harp [Harfe]
Violins I, II [Violine]
Violas [Bratsche]
Cellos [Violoncell]
Basses [Kontrabass]

Tales from the Vienna Woods

2 Flutes [Flöten, Fl.]
2 Oboes [Oboen, Ob.]
2 Clarinets (C; Cl. II also
  Bb) [Klarinetten (C, B),
  Kl.]
  (Cl. I = Eb Clarinet
  [Kleine Klarinette—Es])
2 Bassoons [Fagotte, Fag.]
4 Horns (F) [Hörner, Hrn.]
3 Trumpets (F) [Trompeten,
  Trp.]
3 Trombones [Posaunen,
  Pos.]
Tuba
Timpani [Pauken, Pk.]
Triangle [Triangel, Trgl.]
Side Drum [Kleine
  Trommel, Kl. Trml.]
Bass Drum [Grosse
  Trommel, Gr. Trml.]
Zither [Zit.]
Harp [Harfe]
Violins I, II [Violinen]
Violas [Bratschen]
Cellos [Violoncelle]
Basses [Kontrabässe]

Wiener Blut

Piccolo [Kleine Flöte, kl. Fl.]
  (= Fl. II)
Flute [Grosse Flöte, gr. Fl.]
2 Oboes [Oboen, Ob.]
2 Clarinets (C) [Klarinetten
  in C, Klar.]
2 Bassoons [Fagotte, Fag.]
4 Horns (F) [Hörner in F,
  Hr.]
2 Trumpets (F) [Trompeten
  in F, Trpt.]
3 Trombones [Posaunen,
  Pos.]
Timpani [Pauken, Pk.]
Side Drum [Kleine
  Trommel, Kl. Tr.]
Bass Drum [Grosse
  Trommel, Gr. Tr.]
Triangle [Triangel]
Violins I, II [Violine, Viol.]
Violas [Bratsche, Br.]
Cellos [Violoncell, Vcll.]
Basses [Kontrabass, K.-B.]

Voices of Spring

Piccolo [Kleine Flöte]
Flute [Grosse Flöte]
2 Oboes
2 Clarinets (Bb) [Klarinette
  in B]
2 Bassoons [Fagott]
4 Horns (F)
2 Trumpets (F) [Trompete]
3 Trombones [Posaune]
Timpani [Pauken]
Side Drum [Kleine
  Trommel]
Bass Drum [grosse
  Trommel, gr. Tr.]
Harp [Harfe]
Violins I, II [Violine]
Violas [Bratsche]
Cellos [Violoncell]
Basses [Kontrabass]

Artist's Life

Piccolo [Picc.]
Flute [Fl.]
2 Oboes [Ob.]
2 Clarinets (C) [Cl.]
2 Bassoons [Bsn.]
4 Horns (F) [Hns.]
2 Trumpets (F) [Tpts.]
3 Trombones [Tbns.]
Tuba
Timpani [Timp.]
Triangle [Trgl.]
Side Drum [S.D.]
Bass Drum [B.D.]
Cymbals
Violins I, II [Vln.]
Violas [Vla.]
Cellos [Violoncello, Cello]
Basses [Bass]

Wine, Women, and Song

2 Flutes [Flöte, gr. Fl.]
  (Fl. II = Piccolo [Kleine
  Flöte, kl. Fl.])
2 Oboes [Oboen]
2 Clarinets (Bb)
  [Klarinetten in B]
  (Cl. I = Eb Clarinet
  [Klarinette in Es])
2 Bassoons [Fagotte]
4 Horns (F) [Hörner in F]
2 Trumpets (F) [Trompeten
  in F]
3 Trombones [Posaunen]
Timpani [Pauken]
Side Drum [Kleine
  Trommel]
Bass Drum [Grosse
  Trommel]
Triangle [Triangel]
Harp [Harfe]
Violins I, II [Violine]
Violas [Viola]
Cellos [Violoncello]
Basses [Kontrabass]

Roses from the South

Piccolo [Picc.]
Flute [Flauto, Fl.]
2 Oboes [Oboi, Ob.]
2 Clarinets (C) [Clarinetti in
  C, Cl.]
2 Bassoons [Fagotti, Fag.]
4 Horns (F) [Corni, Cor.]
2 Trumpets (F) [Trombe,
  Tr.]
3 Trombones [Tromboni,
  Trbni.]
Timpani
Side Drum [Tamburo
  piccolo, Tamb.]
Triangle [Triangolo, Trgl.]
Bass Drum [Cassa, C.]
Cymbals [Piatti, P.]
Harp [Arpa]
Violins I, II [Violino, Vl.]
Violas [Viola, Vla.]
Cello [Violoncello, Vc.]
Basses [Contrabasso, Cb.]

Emperor Waltz

2 Flutes [Flöten, Fl.]
2 Oboes [Oboen, Ob.]
2 Clarinets (Bb)
  [Klarinetten in B, Klar.]
2 Bassoons [Fagotte, Fag.]
4 Horns (F) [Hörner in F,
  Hr.]
2 Trumpets (F) [Trompeten
  in F, Trpt.]
3 Trombones [Posaunen,
  Pos.]
Timpani [Pauken, Pk.]
Side Drum [Kleine
  Trommel, Kl. Tr.]
Bass Drum [grosse
  Trommel, Gr. Tr.]
Harp [Harfe]
Violins I, II [Violine, Viol.]
Violas [Bratsche, Br.]
Cellos [Violoncello, Vcll.]
Basses [Kontrabass, K.-B.]

The Beautiful Blue Danube

An der schönen, blauen Donau

1

Tempo di Valse

Tempo di Valse

Nr. 1 Walzer

8 The Beautiful Blue Danube

*) Bei Mitwirkung des Chors fallen 2da und Dal Segno weg
   When the chorus participates, the sectional repeat and the repeat from the 𝄋 are omitted.

Nr. 2

D.S. al Fine 𝄊

Nr. 3

*) Bei Mitwirkung des Chors fallen 2da und Dal Segno weg

When the chorus participates, the sectional repeat and the repeat from the 𝄋 are omitted.

*) Bei Mitwirkung des Chors fallen **2da** und Dal Segno weg

   When the chorus participates, the sectional repeat and the repeat from the 𝄋 are omitted.

D. S.

Nr. 5
Eingang

Walzer

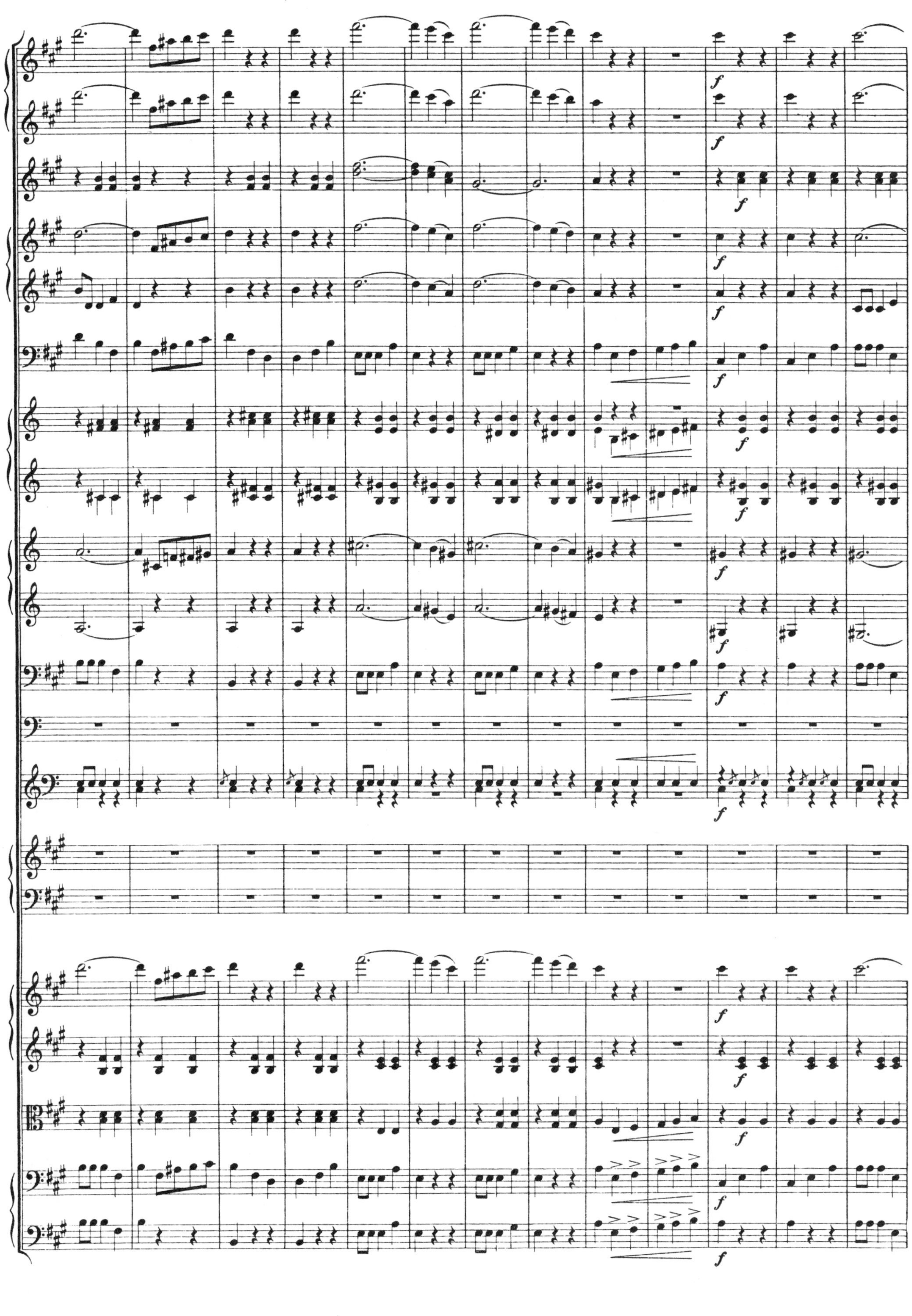
f

Bei Mitwirkung des Chors Sprung von ⊕ auf Coda I

When the chorus participates, skip from ⊕ to Coda I.

D.S.

Coda I Nur bei Mitwirkung des Chors*)

folgt Coda II S. 25
to Coda II, p. [24]

*) Only when the chorus participates

Coda II

Artist's Life
Künstlerleben

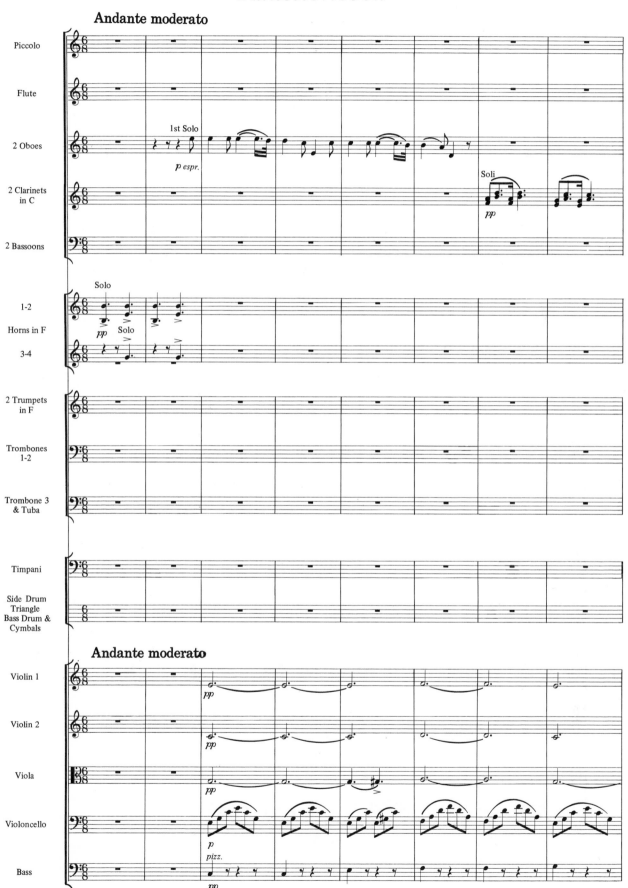

Tempo di Valse

Waltz No. 1.

Waltz No. 2.

Waltz No. 3.

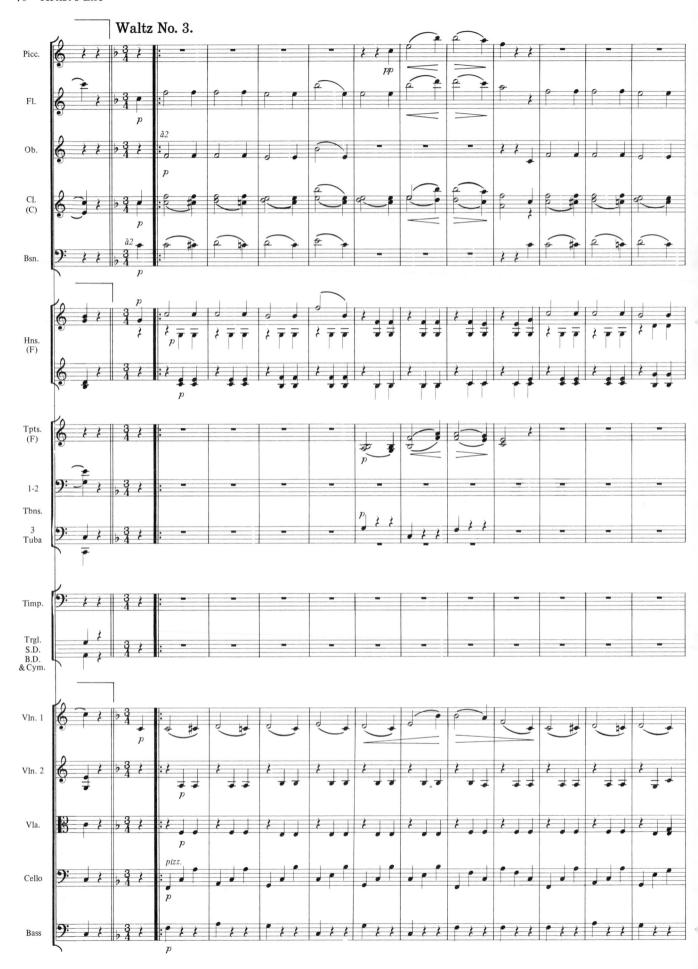

50   Artist's Life

Waltz No. 4

Waltz No. 5.

Introduction

Tales from the Vienna Woods

Geschichten aus dem Wienerwald

*) In the absence of a zither [use the bracketed string parts, mm. 74–108].

Nr. 2 Eingang

Walzer

Nr. 3 Walzer

Fine

D. S. al Fine

Nr.5 𝄋 Walzer

Wine, Women, and Song

Wein, Weib und Gesang

Introduktion
Andante quasi religioso

"]

*) Ev. Anfang
   Possible starting point

Tempo di Valse

Tempo di Valse

Nr.1 Walzer

*) Bei Mitwirkung des Chors fallen 2da und Dal Segno weg
   When the chorus participates, the sectional repeat and the repeat from the % are omitted.

Nr. 2

Eingang   Walzer

D. S. al Fine.

Nr. 3

Nr. 4
Eingang

Walzer

*) Bei Mitwirkung des Chors fallen 2da und Dal Segno weg

    When the chorus participates, the sectional repeat and the repeat from the 𝄋 are omitted.

Wiener Blut

Viennese Blood

Nr. 1. Walzer

Nr. 2
Eingang

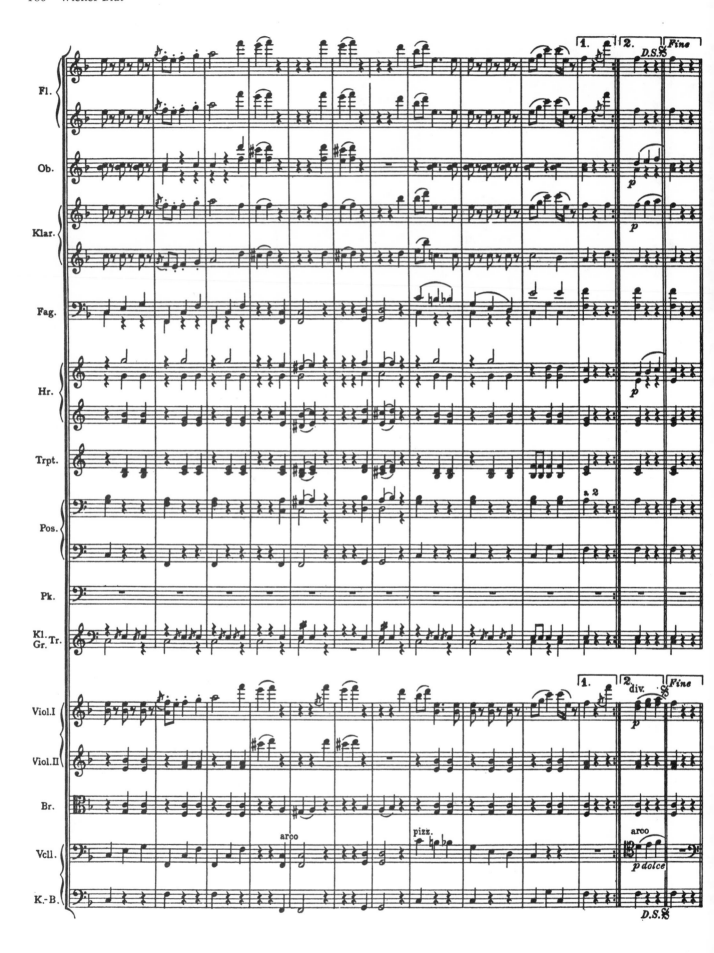

Coda

Fl.
pp
Ob.
pp
Klar.
pp
Fag.
pp
Hr.
pp
Trpt.
pp
Pos.
Pk.
Triangel
Tr.
pp
Viol.I
p
Viol.II
p
Br.
p
Vcll.
p
pizz.
K.-B.
p

Roses from the South

Rosen aus dem Süden

on themes from the operetta *Das Spitzentuch der Königin*

Introduktion
Andantino

Allegro agitato

Walzer I

Walzer II

Walzer III

*) **Es empfiehlt sich, von einem Zurückspringen auf 𝄋 abzusehen**

It is recommended that the repeat from 𝄋 be omitted.

Walzer IV

Coda

90
Picc.
Fl.
Ob.
Cl. (C)
Fg.
Cor. (F)
Tr. (F)
Trbni.
Tamb.
C. e P.
Vl.
Vla.
Vc.
Cb.
marc.
f
zu 2
1.
2.
3.
2.3. zu 2

120

Voices of Spring

Frühlingsstimmen

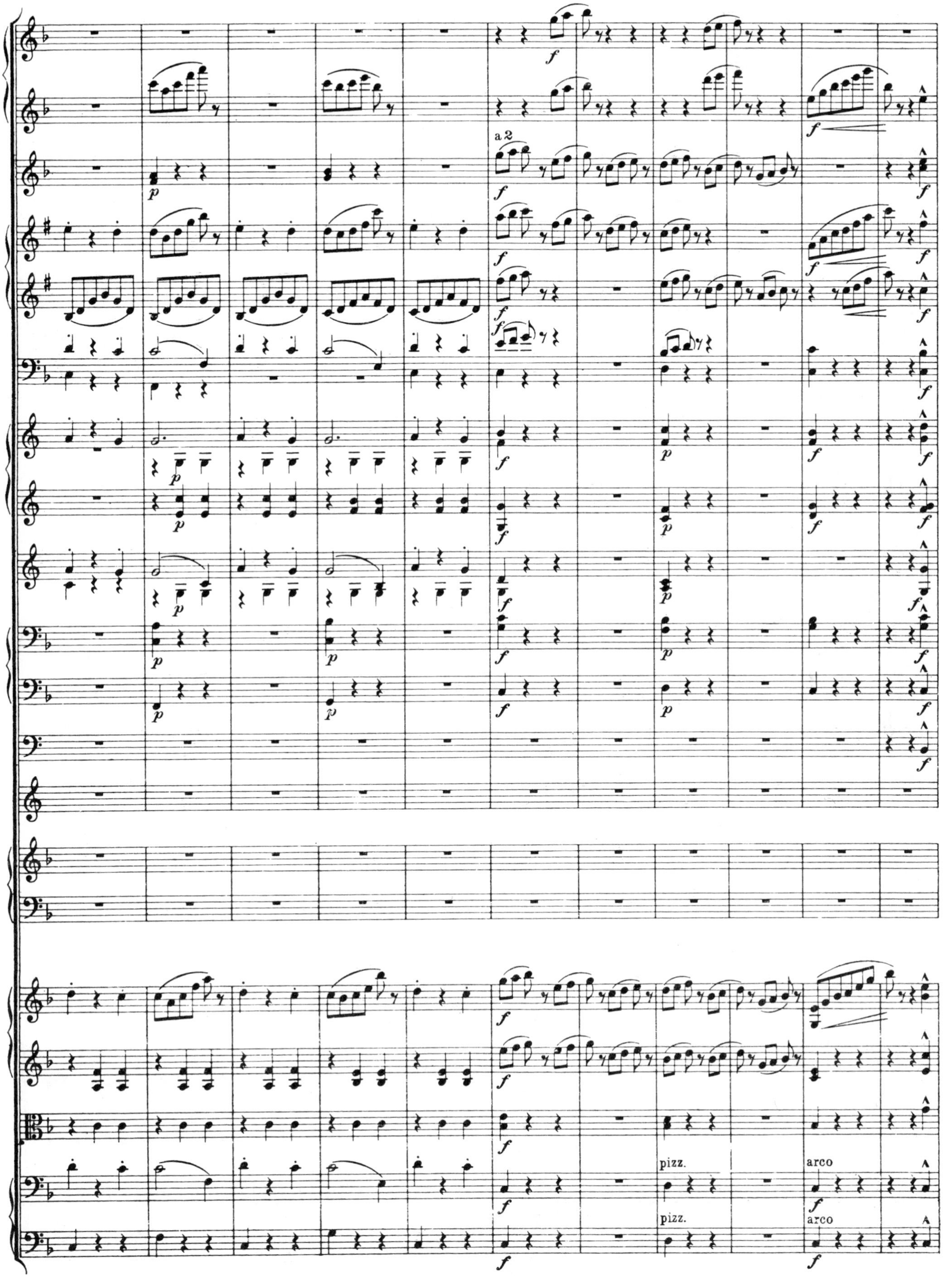
a 2
pizz.
arco
pizz.
arco

Coda

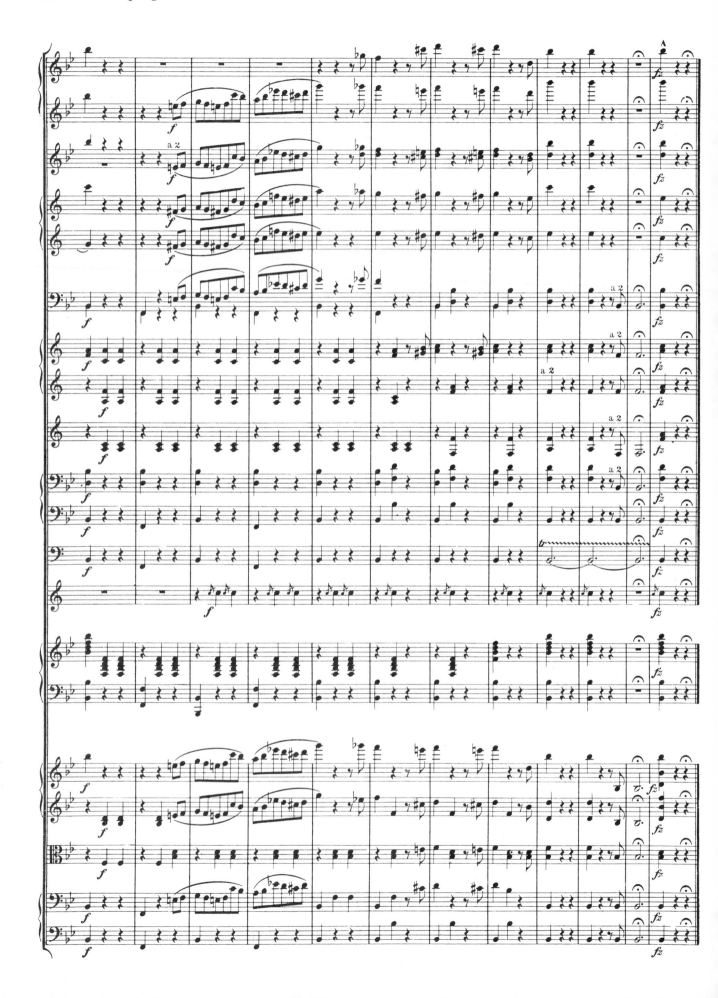

Emperor Waltz

Kaiser-Walzer

Introduktion

Langsames Marschtempo

Nr. 1 Walzer

Coda

*) For dancing, skip to ⊕ [p. 331].